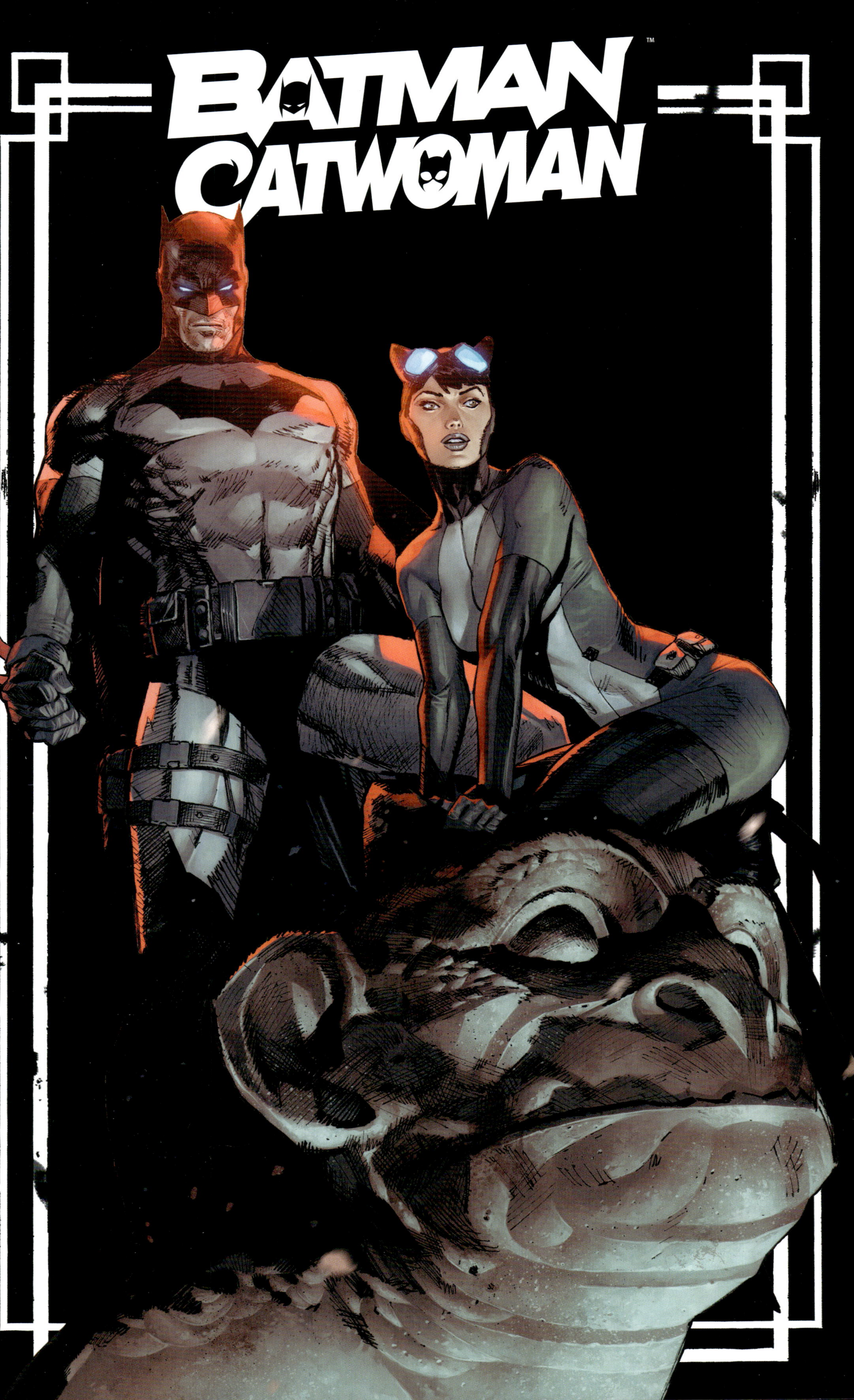
BATMAN
CATWOMAN

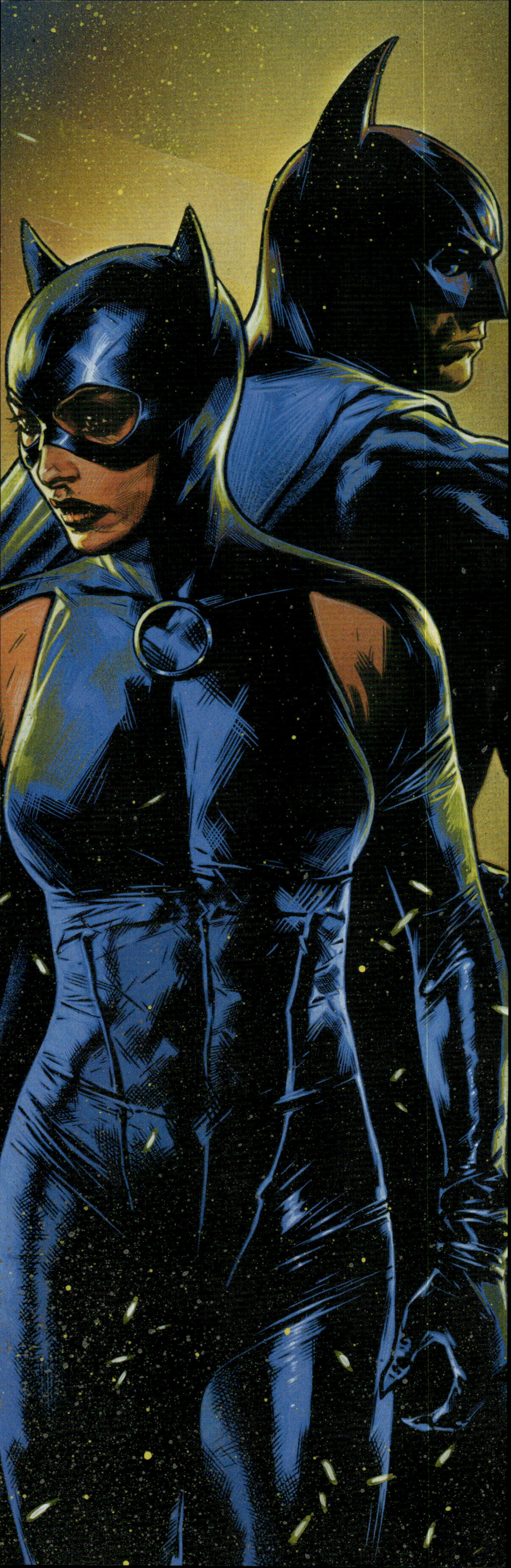

TOM KING
Story

CLAY MANN
Zeichnungen

TOMEU MOREY
Farben

RALPH KRUHM
Übersetzung

WALPROJECT
Lettering

JAMIE S. RICH
BRITTANY HOLZHERR
BIXIE MATHIEU
US-Redaktion

BATMAN geschaffen von **BOB KANE** mit **BILL FINGER**.

BATMAN/CATWOMAN erscheint bei **PANINI COMICS**, Schloßstraße 76, D-70176 Stuttgart. Druck: Lito Terrazzi Industria Grafica. Pressevertrieb: Stella Distribution GmbH, D-22297 Hamburg. Direkt-Abos auf **www.paninicomics.de**. Anzeigenverkauf: BLAUFEUER VERLAGSVERTRETUNGEN GmbH, info@blaufeuer.com. Es gilt die Anzeigenpreisliste Nr. 18 vom 01.10.2020. Geschäftsführer **Hermann Paul**, Publishing Director Europe **Marco M. Lupoi**, Finanzen **Felix Bauer**, Marketing Director **Holger Wiest**, Marketing **Thorsten Kleinheinz**, Vertrieb **Alexander Bubenheimer**, Logistik **Ronald Schäffer**, PR/Presse **Steffen Volkmer**, Publishing Manager **Lisa Pancaldi**, Redaktion **Tommaso Caretti**, **Christian Endres**, **Christian Grass**, **Aline Reinelt**, **Peter Thannisch**, **Daniela Uhlmann**, Übersetzung **Ralph Kruhm**, Proofreading **Monja Reichert**, Lettering **Walproject**, grafische Gestaltung **Rudy Remitti**, **Nicola Spano**, Art Director **Mario Corticelli**, Redaktion Panini Comics **Annalisa Califano**, **Beatrice Doti**, Prepress **Francesca Aiello**, **Andrea Bisi**, Repro/Packager **Alessandro Nalli** (coordinator), **Mario Da Rin Zanco**, **Valentina Esposito**, **Luca Ficarelli**, **Linda Leporati**. Cover von **Clay Mann**, *Batman/Catwoman* 1. Variant-Cover von **Jim Lee**, *Batman/Catwoman* 1 Variant.

Digitale Ausgaben:
ISBN 978-3-7367-7508-4 (.pdf) / ISBN 978-3-7367-7506-0 (.epub) / ISBN 978-3-7367-7507-7 (.mobi)

Bibliografische Information der Deutschen Nationalbibliothek
Die Deutsche Nationalbibliothek verzeichnet diese Publikation in der Deutschen Nationalbibliografie; detaillierte bibliografische Daten sind im Internet über dnb.d-nb.de abrufbar.

WIE KATZ UND FLEDERMAUS

Tom King gehört zu den derzeit angesagtesten Autoren der US-Szene, der Titel wie BATMAN, GRAYSON MEGABAND, MISTER MIRACLE MEGABAND, RORSCHACH, STRANGE ADVENTURES und *Vision* verfasste und bereits mehrfach mit dem **Eisner Award** ausgezeichnet wurde. In seiner langen BATMAN-Saga waren **Bruce Wayne** und die Meisterdiebin **Selina Kyle** verlobt und hätten beinahe geheiratet. Selina musste sogar gegen den Hochzeitscrasher **Joker** kämpfen, wobei sie und **Batmans** Erzfeind schwer verletzt wurden. Am Ende erschien Selina freiwillig nicht zur Trauung, weil sie Angst hatte, dass ein glücklicher Bruce die Welt weniger effektiv beschützen würde. Doch dass die beiden es überhaupt so weit gebracht hatten, war schon erstaunlich, wenn man bedenkt, dass **Catwoman** vor ihrer Zeit als Antiheldin eine Superschurkin war, die mit dem Joker paktierte und ihre Raubzüge gerne mit Katzen-Thema verband.

Außerdem inszenierte King in seiner BATMAN-Serie den Tod von Bruces väterlichem Freund und Butler **Alfred Pennyworth** sowie eine Story über eine mögliche Zukunft, in der Bruce und Selina als Ehepaar zusammen alt und grau wurden. In jener Geschichte hatten Bat und Cat sogar eine Tochter namens **Helena**. Schließlich starb Bruce im Krankenbett, umgeben von Selina und seiner Bat-Familie, siehe BATMAN & CATWOMAN: DAS HOCHZEITSALBUM oder BATMAN PAPERBACK 7: DIE HOCHZEIT.

Hier in BATMAN/CATWOMAN präsentiert Tom King nun seine definitive Geschichte der Liebe zwischen Bruce und Selina, wofür er in Dickens'scher Manier die Geister von Vergangenheit, Gegenwart und Zukunft beschwört. Die drei Zeitebenen fließen von Anfang an ineinander und rotieren. Als Basis der unabhängigen Geschichte dient King die Mythologie seiner bisherigen BATMAN-Geschichten. Zudem nutzt er Figuren aus der *Batman*-Zeichentrickserie der 1990er, allen voran Bruces alte Flamme **Andrea Beaumont**, die als **das Phantom** zum Racheengel wurde. Spektakulär visualisiert wird das alles von **Clay Mann**, der bereits HEROES IN CRISIS und BATMAN von King, POISON IVY: KREISLAUF VON LEBEN UND TOD und *Gambit* zeichnete.

Christian Endres

Bats
KAPITEL 1
STILLE NACHT
TOM KING STORY
CLAY MANN ZEICHNUNGEN
TOMEU MOREY FARBEN
RALPH KRUHM ÜBERSETZUNG
WALPROJECT LETTERING

JAMIE S. RICH, **BRITTANY HOLZHERR** &
DIXIE MATHIEU REDAKTION USA

BATMAN GESCHAFFEN VON **BOB KANE** MIT **BILL FINGER**.

* STILLE NACHT

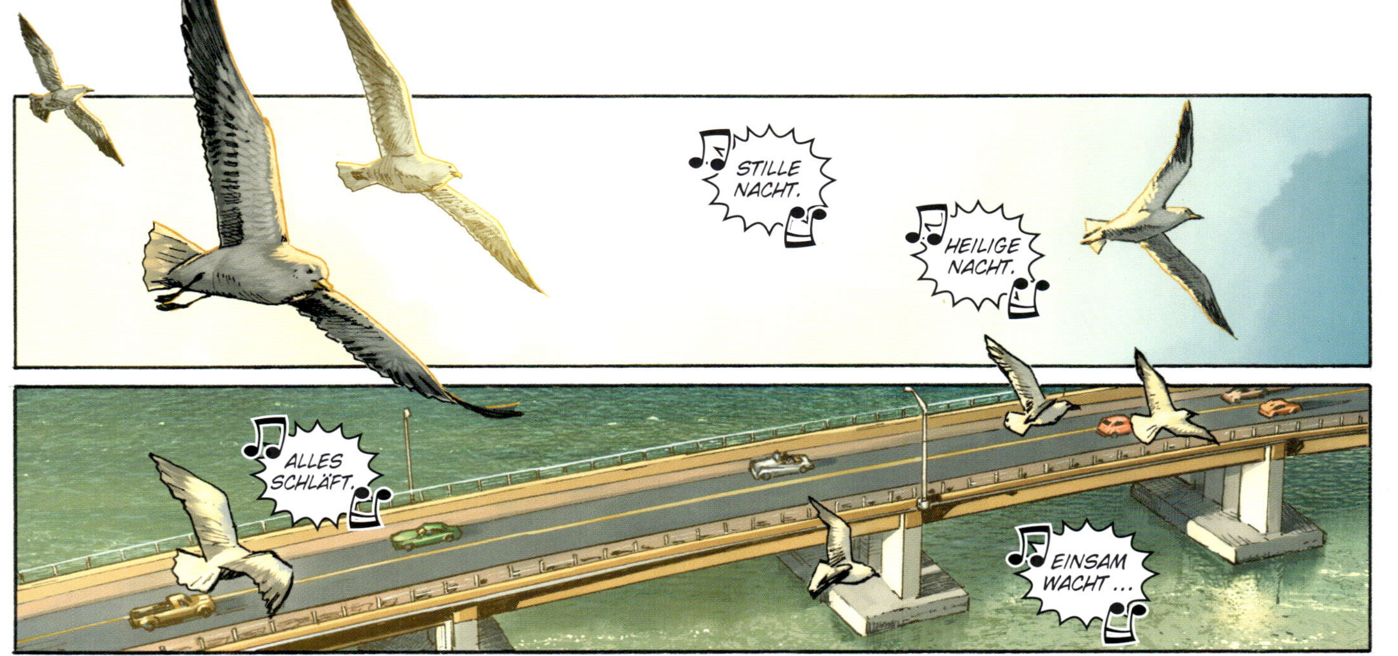
STILLE NACHT.
HEILIGE NACHT.

ALLES SCHLÄFT.
EINSAM WACHT ...
... NUR DAS TRAUTE HOCHHEILIGE PAAR.
HOLDER KNABE IM LOCKIGEN HAAR

SCHLAF IN HIMMLISCHER RUH!
SCHLAF IN HIMMLISCHER RUH!

DANKE, DASS DU MICH EMPFÄNGST, BRUCE.
GEWISS DOCH.

DAS HAUS HAT SICH KAUM VERÄNDERT.
IST SCHON NETT.
WIE KANN ICH HELFEN, ANDREA?
ICH SCHÄTZE, DAS IST ALFREDS EINFLUSS.
ER HATTE NIE VIEL FÜR VERÄNDERUNG ÜBRIG.
ANDREA, ES TUT MIR LEID, ABER ...
ALFRED IST ...
ER LEBT NICHT MEHR.
WIEDER SO SPÄT, MASTER BRUCE?
ODER WOHL EHER WIEDER SO FRÜH AM MORGEN.
DA IN EIN PAAR STUNDEN SCHON DAS DINNER ANSTEHT, DACHTE ICH, SIE MÖCHTEN VIELLEICHT--

OH.

SEABIRD ISLAND
OKAY, SÜSSER.
SIEHT AUS, ALS WÄREN WIR DA.

ICH SAGTE JA, ES DAUERT NICHT LANGE.

HEILIGE NACHT.
1122

ALLES SCHLÄFT.
EINSAM WACHT ...
DING DING

... NUR DAS TRAUTE ...
... HOCH-HEILIGE PAAR.
ICH KOMM JA SCHON!

TUT MIR LEID, MISS, ICH HAB FERN-GESEHEN ...
KONNTE DIE LAUTSTÄRKE NICHT--
DIESE DINGER ...

HEILIGE--
SELINA KYLE? BIST DU DAS?!
NACH ALL DEN JAHREN?

HALLO.

ANDREA BEAUMONT.
EINE ALTE FREUNDIN. HAB SIE LANGE NICHT MEHR GESEHEN.
SIE SUCHT IHREN SOHN.

ER IST VIERZEHN UND WEGGELAUFEN.
SIE DENKT, ER IST HIER IN GOTHAM.
DAS IST DIE FRAU, DIE ... DEINE ERSTE ... LIEBE.
DIE SPÄTER ZUR MORDENDEN VIGILANTIN WURDE. WIE ES BEI DEINEN LIEBCHEN AB UND ZU VORKOMMT.
STARB SIE NICHT IM FEUER? MIT DEM JOKER?
DER HAT'S ÜBERLEBT. SIE OFFENSICHTLICH AUCH.
SIE HIELT SICH AUS ANGST VOR IHM SEIT JAHREN VERSTECKT.
KAM NUR WEGEN DES JUNGEN RAUS.
UND NUN?
EIN KIND, OHNE HILFE UND GELD, ALLEIN IN DER STADT.
ICH DACHTE, DU WEISST VIELLEICHT, WO WIR ANFANGEN KÖNNEN.
MMM.

ICH MUSS GEHEN.
GOTHAM WARTET.
DER JOKER ... IST GEFLOHEN ... AUS--
ICH MUSS ...
MMM.
CAT ...
DU MUSST GEHEN.
JA.
MMM.
SIND DAS DIE ENKEL?

JA ... NATHAN UND SEINE FAMILIE.
DIESE WOCHE IST DER GEBURTSTAG DER ZWILLINGE. ICH DARF NICHT VERGESSEN, ANZURUFEN UND ZU SINGEN.
DA IST NOCH EINS MIT BETHANY UND IHREN DREIEN DRÜBEN IM REGAL.

WAS IST MIT DIR?
DU HAST DOCH SICHER AUCH SCHON WELCHE?
WIE GEHT'S HELENA?

SIE DATET EINE RECHT NETTE ÄRZTIN. WIR HABEN MAL ALLE ZUSAMMEN ZU ABEND GE-GESSEN.
ABER BEI DEM GANZEN DRUMHERUM WEISS MAN NIE, OB ES WAS WIRD.
SIE WÄRE NICHT DIE ERSTE, DIE DAS HANDTUCH WIRFT.

JA ...
TJA, DAS IST DAS PROBLEM MIT UNSEREM AUS-ERKORENEN BERUF, NICHT WAHR?
WENN MAN STÄNDIG DURCH DIE NACHT RENNT, FINDET MAN NUR SCHWER, WAS MAN SUCHT.

WEISS NICHT.

LIEF DOCH FÜR UNS GANZ GUT.

HEH. ICH SCHÄTZE, DA HAST DU RECHT.
ICH SCHÄTZE, FÜR UNS LIEF'S ZIEMLICH GUT.
IST ECHT SCHÖN, DICH ZU SEHEN.
JA, ICH WEISS NOCH, WER DU BIST.
KOMMT MIR VOR WIE GESTERN.
DAS SÜSSE KLEINE MÄDCHEN MIT ALL DEN KÄTZCHEN.
ICH HAB NUR EINE EINZIGE FRAGE, SEWER KING.
ANDREW BEAUMONT. ER IST 14 JAHRE ALT.
WO STECKT ER?
HAB DICH VERMISST, KÄTZCHEN.
WO BIST DU DENN HIN?
BEANTWORTE DIE FRAGE.
ODER HALT DIE KLAPPE.
LYLE, KYLE, NYLE, PYLE, ARGYLE.
MEINE SCHÄTZCHEN.
FRESST SIE AUF.

DU WAGST ES?!
DU?!
WAS WARST DU DENN, ALS ICH DICH FAND?!
VERLOREN! HUNGERND! STERBEND!
WER HAT DICH VOR DER STADT BESCHÜTZT?
VOR DEM AB-SCHAUM!
WER HAT DICH GELEHRT, WIE MAN ÜBER-LEBT?!
WAS WÄRST DU OHNE MICH?!

EIN TOTES KÄTZCHEN!
KLIK
WAS--
OH.
DU.
HALLO, LIEBES.
DACHTE MIR, DASS ICH DICH HIER FINDE.
HAST DU EIN BISSCHEN SPASS?

JIMMY DER LÖWE. EINTREIBER FÜR DIE BERTINELLIS.
EIN SEHR BÖSER MANN, ABER MIT FEINEM SINN FÜR GESCHMEIDE.
WAR DAS NÖTIG?
WAS SOLL ICH DAZU SAGEN?
MIR WAR LANG-WEILIG VON DER WARTEREI.
ICH BIN NICHT PERFEKT.
TJA, WER ...
... IST DAS?
WEISST DU WAS?
LETZTE WOCHE HATTE ICH BATMAN SO SEHR AM HALS ... MEIN ARZT MEINT, ICH WERD NIE MEHR SPRECHEN!
UND DAS MACHT MICH ZIEMLICH SAUER!

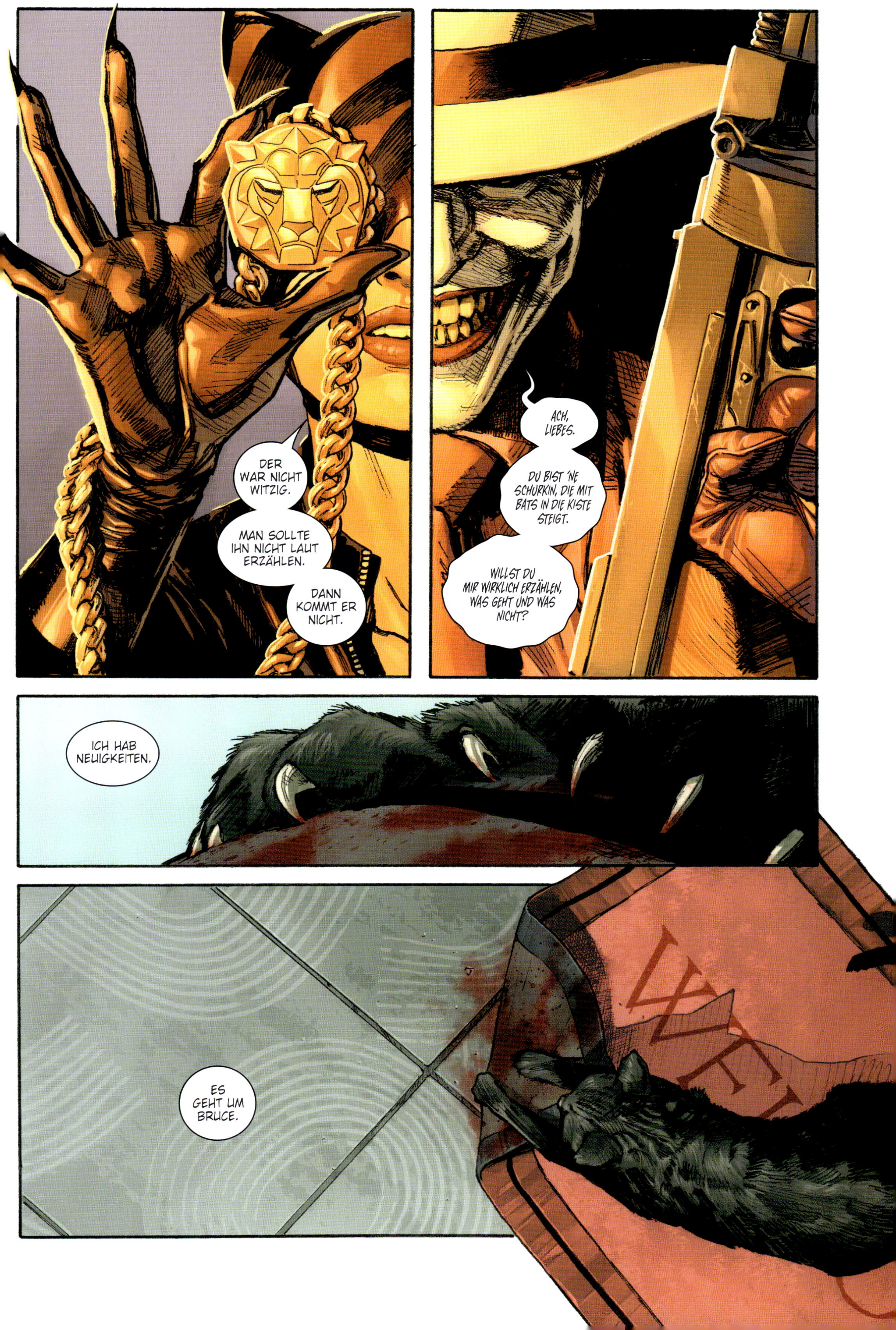

ICH HAB NEUIGKEITEN.

ES GEHT UM BRUCE.

DIEB!

HALTET IHN AUF! HILFE!

AAAA!

AAAAAA!
DAS WAR UNARTIG!
HAT DIR NIEMAND BEIGEBRACHT, DASS STEHLEN FALSCH IST?

SEWER KING WAR SO NETT, UNS ZU SAGEN, DASS DU MIT ANDREW BEAUMONT ABHÄNGST.
WO IST ANDREW JETZT?

ANDREW ... ICH ... NEIN ... WIR SIND NICHT ...
WIR MACHEN NICHTS MEHR.
ER WOLLTE NICHT--

WO STECKT ER?

WEISS NICHT, ER ... ER ... ÄH, HAT MIT 'NEM TYP IM ZELT GELEBT, UNTER DER WAYNE BRIDGE.
DAS LETZTE MAL, ALS ICH IHN SAH, WOLLTE ICH WAS MIT IHM UNTERNEHMEN, ABER ER WOLLTE NICHT.
DER ANDERE WOLLTE IHM HELFEN.

WOBEI WOLLTE ER IHM HEL-FEN?

SEINEN DAD ZU FINDEN.
WEISST DU, WER ER IST?
JA.
WIRST DU IHN FÜR MICH TÖTEN?
NEIN.

ICH SOLLTE DANN MAL LOS.
ICH BIN SCHON SPÄT DRAN, UND ER IST ... NA, DU KENNST IHN JA.
ER IST VOR ALLEM ÜBERAUS PÜNKTLICH.

WEISST DU, LIEBES ...
... DAS BIST NICHT DU.

NEIN?
WAS BIN ICH DANN?

DU? GANZ EINFACH.
DU BIST SPASS PUR.

ER WURDE ... KRANK. WIR HABEN ALLES VERSUCHT, DU KENNST IHN JA, ABER ES ... GAB NICHTS.
SEINE GANZE ... DIE GANZE FAMILIE WAR DABEI.
ICH SAGTE NOCH, DASS ICH IHN LIEBE. UND DANN ... WAR ER FORT.

MEIN GOTT.

SIE MEINTEN, ER HAT NACH SEINEM VATER GESUCHT.
ANDREA, WO IST SEIN VATER?

TOT.
ER IST TOT.

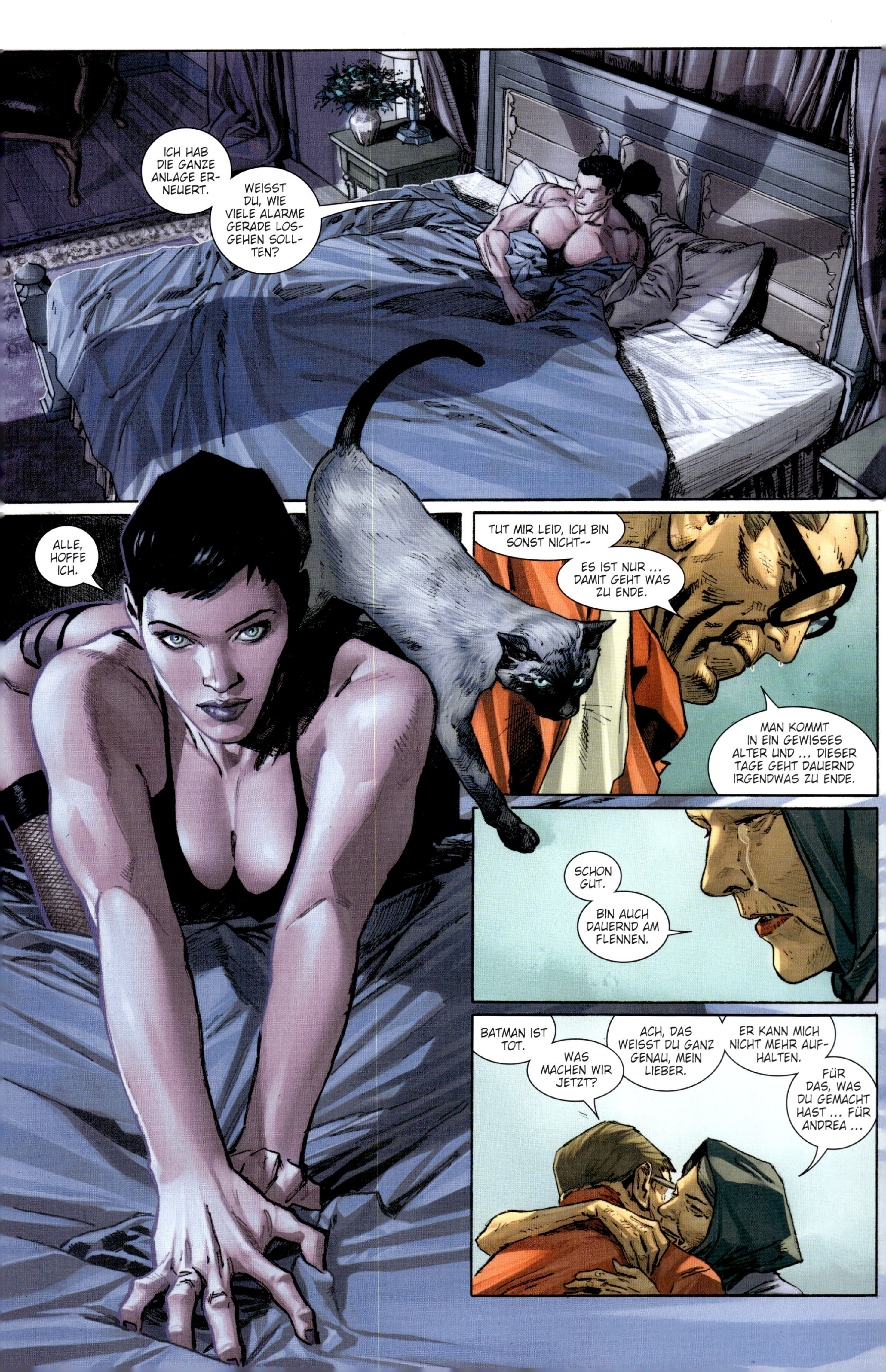
ICH HAB DIE GANZE ANLAGE ERNEUERT.
WEISST DU, WIE VIELE ALARME GERADE LOSGEHEN SOLLTEN?
ALLE, HOFFE ICH.
TUT MIR LEID, ICH BIN SONST NICHT--
ES IST NUR ... DAMIT GEHT WAS ZU ENDE.
MAN KOMMT IN EIN GEWISSES ALTER UND ... DIESER TAGE GEHT DAUERND IRGENDWAS ZU ENDE.
SCHON GUT.
BIN AUCH DAUERND AM FLENNEN.
BATMAN IST TOT.
WAS MACHEN WIR JETZT?
ACH, DAS WEISST DU GANZ GENAU, MEIN LIEBER.
ER KANN MICH NICHT MEHR AUFHALTEN.
FÜR DAS, WAS DU GEMACHT HAST ... FÜR ANDREA ...

... KANN ICH
DICH ENDLICH
TÖTEN.
HEH.
HEH
HEH.
HAHAHAHA ...

HAHAHAHAHAHAHAHAHAHA!!!

WAYN
SHHKKK
SHHKKK
SHHKKK
IN LOVING MEMORY
VICTORIA BEAUMONT
CLNKK
IN LIEBENDEM GEDENKEN VICTORIA BEAUMONT
creeeeeee

55 60 70 80 100 120 140 160
STILLE NACHT.
HEILIGE NACHT.

ALLES SCHLÄFT.
EINSAM WACHT ...
... NUR DAS TRAUTE HOCHHEILIGE PAAR.
HOLDER KNABE IM LOCKIGEN HAAR

SCHLAF IN HIMMLISCHER RUH!

SCHLAF IN HIMMLISCHER RUH!

Bats
KAPITEL 1
STILLE
NACHT

Cat
KAPITEL 2
UP ON THE HOUSE-TOP

2
UP ON
THE
HOUSETOP

SKKKKT

SKKKKT

SKKKKT

SKKKT

SCOTT HUFF ...

... DEIN *TODES-ENGEL* WARTET.

UND, KENNST DU IHN?
JA.

SCOTT HUFF. EX-SCHERGE DES JOKERS.
WAR FÜRS GROBE ZUSTÄNDIG. PIRANHAS IN BECKEN FÜLLEN, BLUMEN MIT SÄURE BETRÄUFELN UND SO WEITER.
WAR DAFÜR ZEHN JAHRE IM KNAST. UND IN SICHERHEIT.
HAB'S AUCH MAL MIT SCHERGEN PROBIERT.
'N HAUFEN TYPEN, VERKLEIDET ALS KATZEN.
HAT MIR NICHTS GEBRACHT. SIE WAREN ZU LAUT.

TUT MIR LEID, MISS.
ICH MACH GRAD ZU. KOMMEN SIE MORGEN FRÜH WIEDER.
15
SCOTT.
ICH MUSS IHN SPRECHEN.

ER IST NICHT HIER.
OH.
OKAY.
HAB'S KAPIERT.
CRAKK
NNNG
DU BIST DIE ERÖFFNUNGS-NUMMER.

SELINA, LIEBES.
MERRY CHRISTMAS!
UP ON THE HOUSETOP, REINDEER PAUSE, OUT JUMPS GOOD OLD SANTA CLAUS!

ER HAT SICH AN JIMMYS FALL GEHÄNGT.
KONNTEST DU NICHT HINTER DIR AUFRÄUMEN?
EINMAL AUF DEINE VISITENKARTE VERZICHTEN?
DOWN THROUGH THE CHIMNEY WITH LOTS OF TOYS, ALL FOR THE LITTLE ONES' CHRISTMAS JOYS.
ICH BIN CHAOS UND VERWÜSTUNG.
DAS KITZELN IM HALS, BEVOR DU HUSTEN MUSST.
ICH RÄUM ... NIEMALS HINTER MIR AUF.
HO, HO, HO, WHO WOULDN'T GO?
KLASSE. TJA, MR. CHAOS UND VERWÜSTUNG.
DENK DRAN, DAS HIER NICHT WEG-ZURÄUMEN, BEVOR ER DICH SCHNAPPT.
DENN WENN ER'S BEI MIR FINDET STATT BEI DIR ...
HO, HO, HO, WHO WOULDN'T GO?
ICH BIN ECHT PISSIG!
BONK
AU!
UP ON THE HOUSETOP, CLICK, CLICK, CLICK.

F$@% DICH, JOKER!
ICH FAND DAS DING ECHT SCHICK!
DOWN THROUGH THE CHIMNEY WITH GOOD SAINT NICK!

ICH BAUCH 'NEN SCHLUCK WASSER.
BIN DURSTIG.

WILLST DU AUCH EIN GLAS, SELINA?
GERN.

HEH ... ERINNERST DU DICH NOCH?
DAMALS, VOR EURER HOCHZEIT?
IN DER KIRCHE?

DER ERSTEN HOCH-ZEIT.

DAMALS HAST DU MIR AUCH DEN HALS AUFGESCHLITZT.
ICH HAB DIE WUNDE MIT DER HAND ZUGEHALTEN, UM NICHT ZU VERBLUTEN. ABER DU HAST MICH DAZU GEBRACHT, LOSZULASSEN.
HAB ICH DANN AUCH. HAT GEBLUTET WIE SAU. DU DACHTEST, ICH WÄR TOT.

WAS? NEIN, ICH BITTE DICH.
MIR WAR KLAR, DASS DU ÜBERLEBST.

DAS SAGST DU JETZT.
WENN ETWAS SO LANGE HER IST, KANN MAN ALLES BEHAUPTEN.

DU HAST IMMER ÜBERLEBT.

ACH, MIST.
WILLST DU EIS?
ICH MAG'S, WENN'S NICHT SO KALT IST. ABER ICH HAB EIS IM GEFRIERFACH.

EIS WÄR SCHON TOLL.
VIELEN DANK.

ES FEHLT MIR. WO HABEN WIR UNS NICHT ÜBERALL RAUSGEWUNDEN.
STÄNDIG VON DEN TOTEN AUFZUERSTEHEN, HÄLT EINEN LEBENDIG, ICH SAG'S DIR.

JETZT IST JEDER TAG WIE DER NÄCHSTE. ICH GLAUB, DAS KANN EINEN SCHNELLER UMBRINGEN ALS ALLES, MIT DEM ICH JE RUMGESPIELT HAB.
ICH SEH MIR SHOWS AN, VERSUCH MICH ZU BESCHÄFTIGEN. ICH GEH SOGAR TRAINIEREN. ABER REICHT DAS? WEISS NICHT.
WIE AUCH IMMER, ICH SEH DICH NOCH VOR MIR, IN DER KIRCHE. WAR 'NE TOLLE ZEIT.

FIRST COMES THE STOCKING OF LITTLE NELL, OH DEAR SANTA FILL IT WELL.
PORKY'S
PORKY'S
PORKY'S

W-W-W-WAS W-W-W-W-W--
WOMIT KANN ICH DIENEN?
WHISKEY.
DEN BESTEN. STRAIGHT.
GIVE HER A DOLLY THAT LAUGHS AND CRIES, ONE THAT WILL OPEN AND SHUT HER EYES.

DAS HIER IST DER B-B-B--
HIER.
DANKE.
HO, HO, HO, WHO WOULDN'T GO?
AUF ...
... DEN TODES-ENGEL.

HEH.
HO, HO, HO, WHO WOULDN'T GO?

UP ON THE HOUSETOP ...
CLICK, CLICK, CLICK.

DOWN THROUGH THE CHIMNEY WITH GOOD SAINT NICK!

WARREN POLAND. HAT VOR ACHT JAHREN FÜR DEN JOKER GEARBEITET.
ERNEUT.
SIE IST AUF DER JAGD.
PORKY'S
PORKY'S
GCPD
WAS WIRD DAS?
ICH DACHTE, WIR GEHEN AUS.
FZZZZZ
GORDON KRIEGT DEN SAFE NICHT AUF.
ER HAT EIN UNKNACKBARES SCHLOSS.
ICH KNACK ES.
BATS.
LASS MICH.

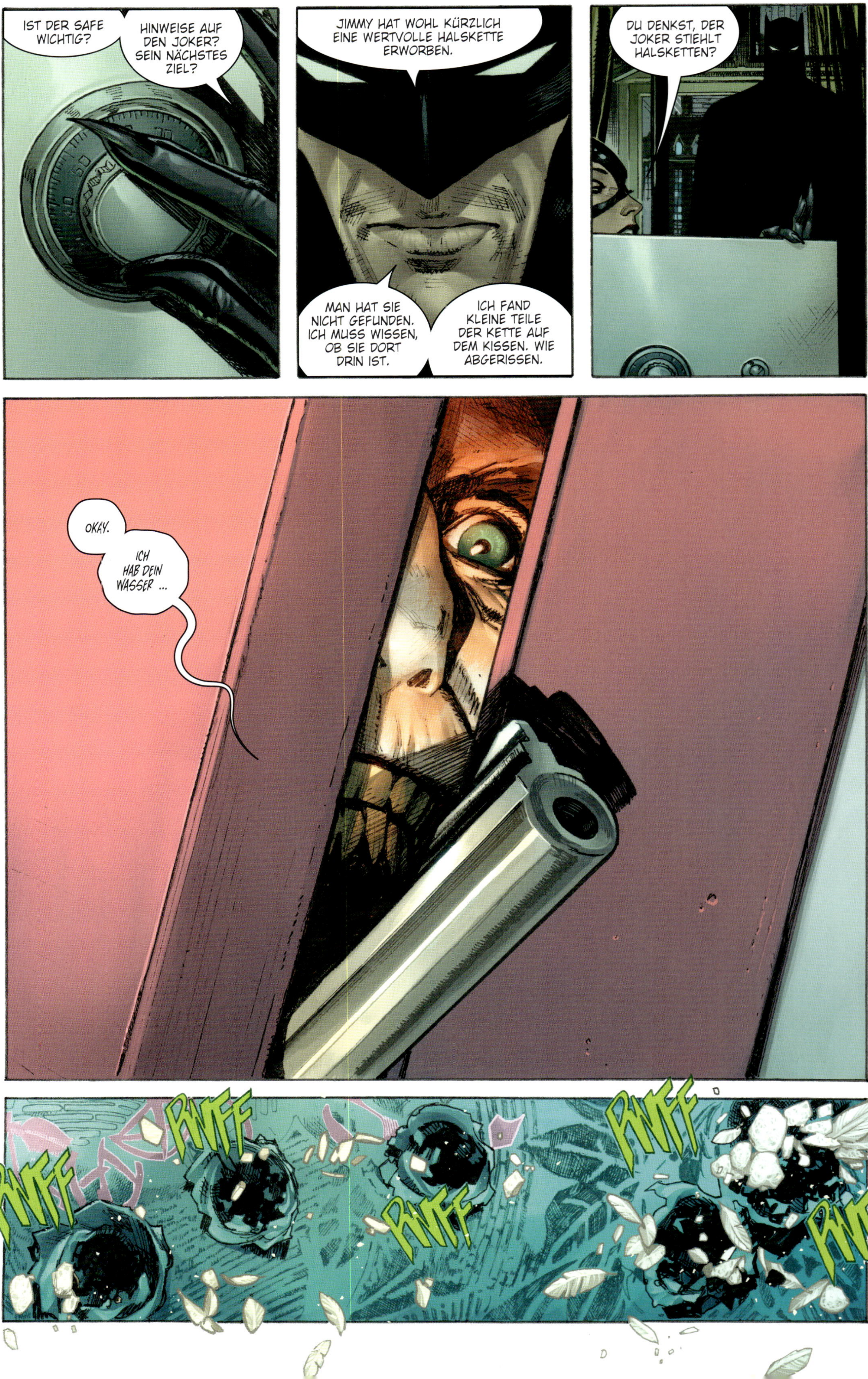

OKAY.
ICH HAB DEIN WASSER ...

... MIT EIS.

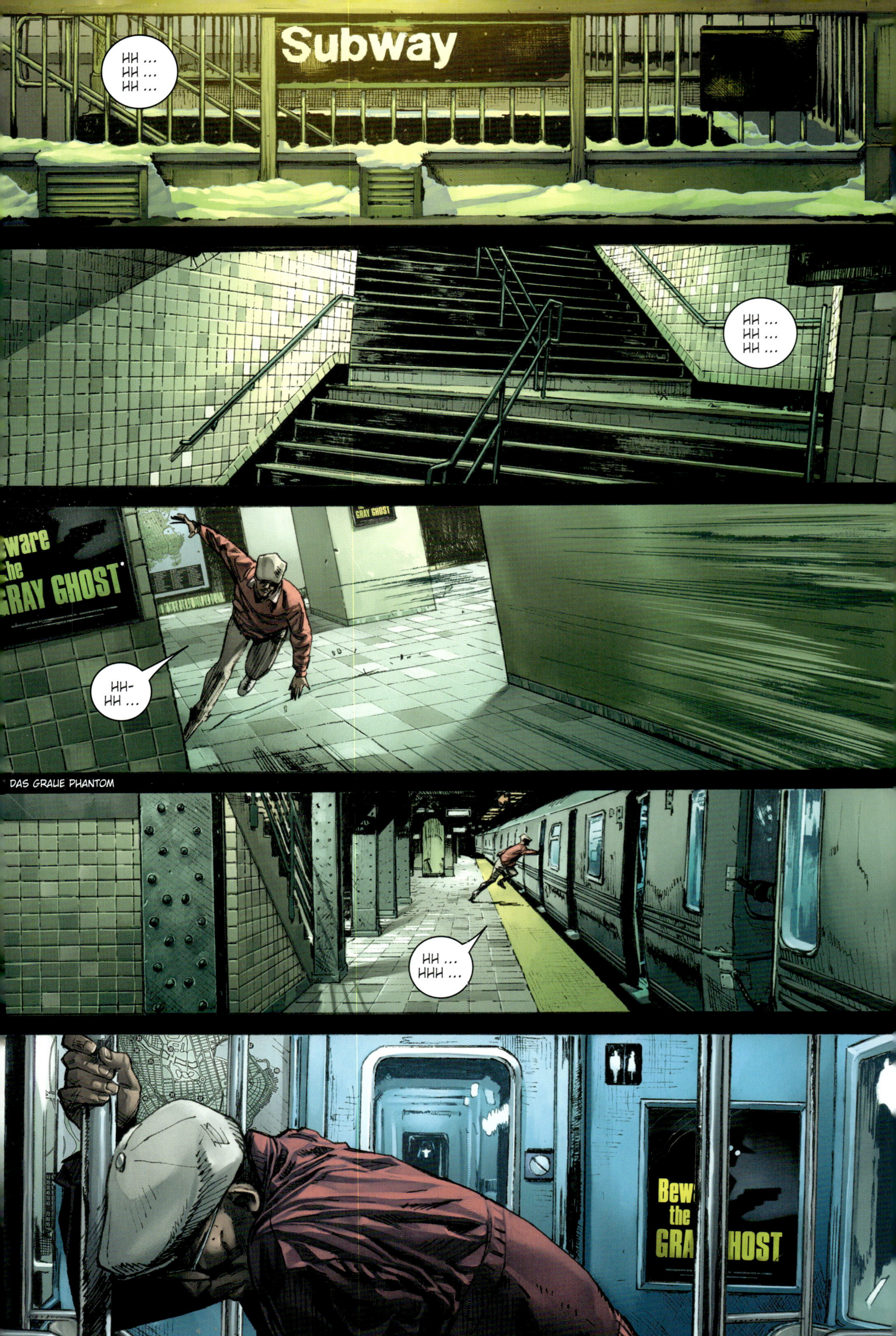
Subway
HH ... HH ... HH ...
HH ... HH ... HH ...
ware the RAY GHOST*
GRAY GHOST
HH- HH ...
DAS GRAUE PHANTOM
HH ... HHH ...
Bew the GRA HOST

GOTT, BITTE …
AAAAAAAHH
BRIAN PATCHETT.
DEIN TODES-ENGEL ERWARTET DICH.

WEISS NICHT.
VIELLEICHT BRAUCHTE ER DIE HALSKETTE.
GIFTGAS GIBT'S NICHT UMSONST.
DU HAST ES SELBST GESEHEN-- DIE JUWELEN IM SAFE WAREN ZEHNMAL MEHR WERT ALS DIE KETTE.
JA, ABER ES WAR EIN UNKNACK-BARER SAFE, WIE DU WEISST.
NICHT FÜR DICH.
ICH BIN NICHT DER JOKER.

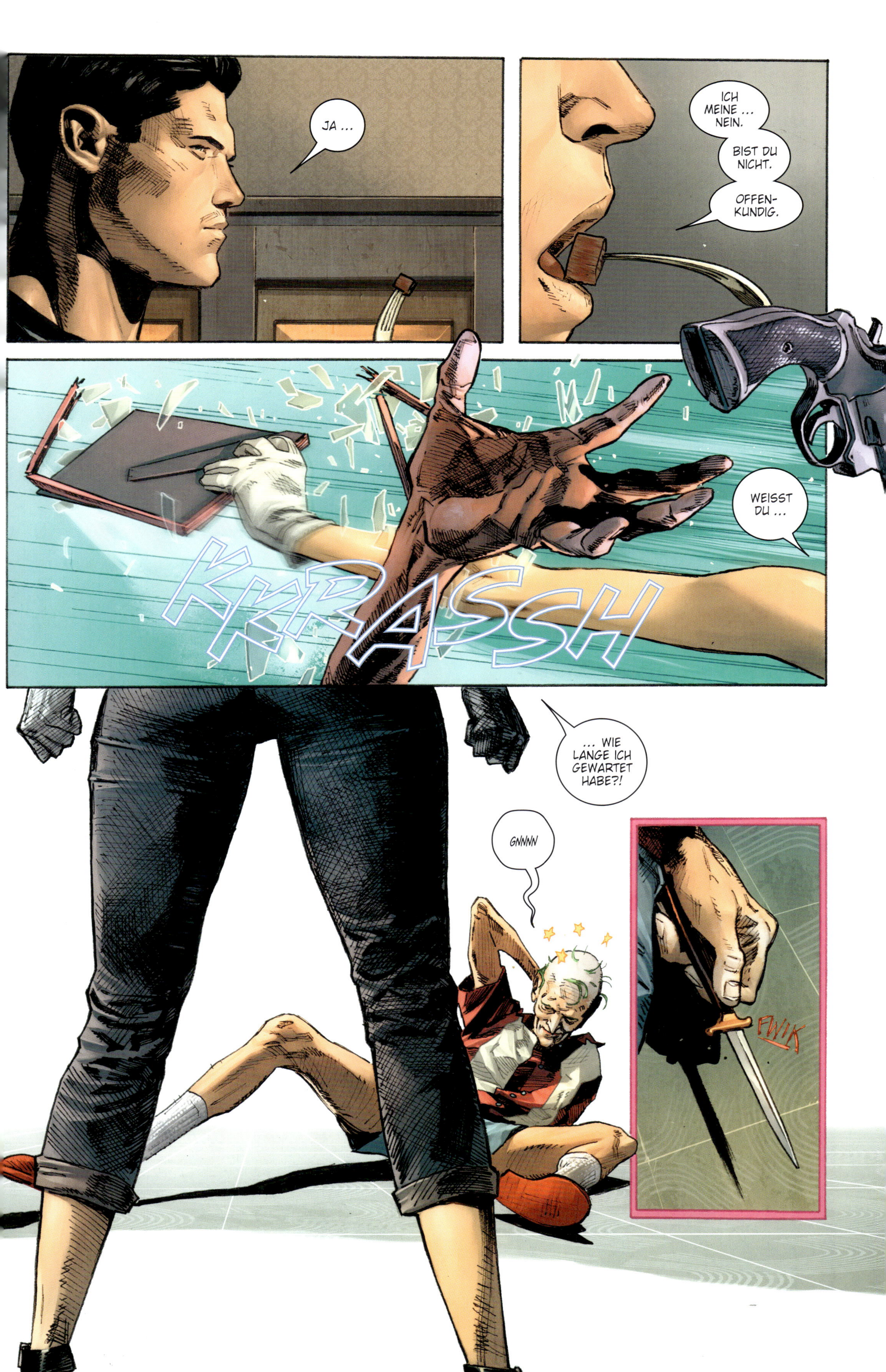
JA ...
ICH MEINE ... NEIN.
BIST DU NICHT.
OFFEN-KUNDIG.
WEISST DU ...
KKRASSH
... WIE LANGE ICH GEWARTET HABE?!
GNNNN
FWIK

ICH KRIEG ANDREA NICHT AUS MEINEM KOPF.
AAAAAA!
CRKKK
ICH SEH SIE DAUERND VOR MIR …
ICH HAB IHN ANGEFLEHT.
NUR DIESES EINE MAL. NUR EINMAL.
ICH HAB VOR IHM GEKNIET!
CRAKKK
DER WINKEL DES SIGNALS IST ANDERS. ES IST NICHT GORDON.
NOCH EINER? ICH MUSS SAGEN, ANDREA IST EFFIZIENT.
WER DANN?
WIR MÜSSEN HIN.

IM ERNST, HABT IHR JE KAPIERT, WIESO SIE UM FRIEDHÖFE SO RIESENZÄUNE MACHEN?
DIE LEUTE STERBEN NICHT GRAD FÜR DEN ZUTRITT.

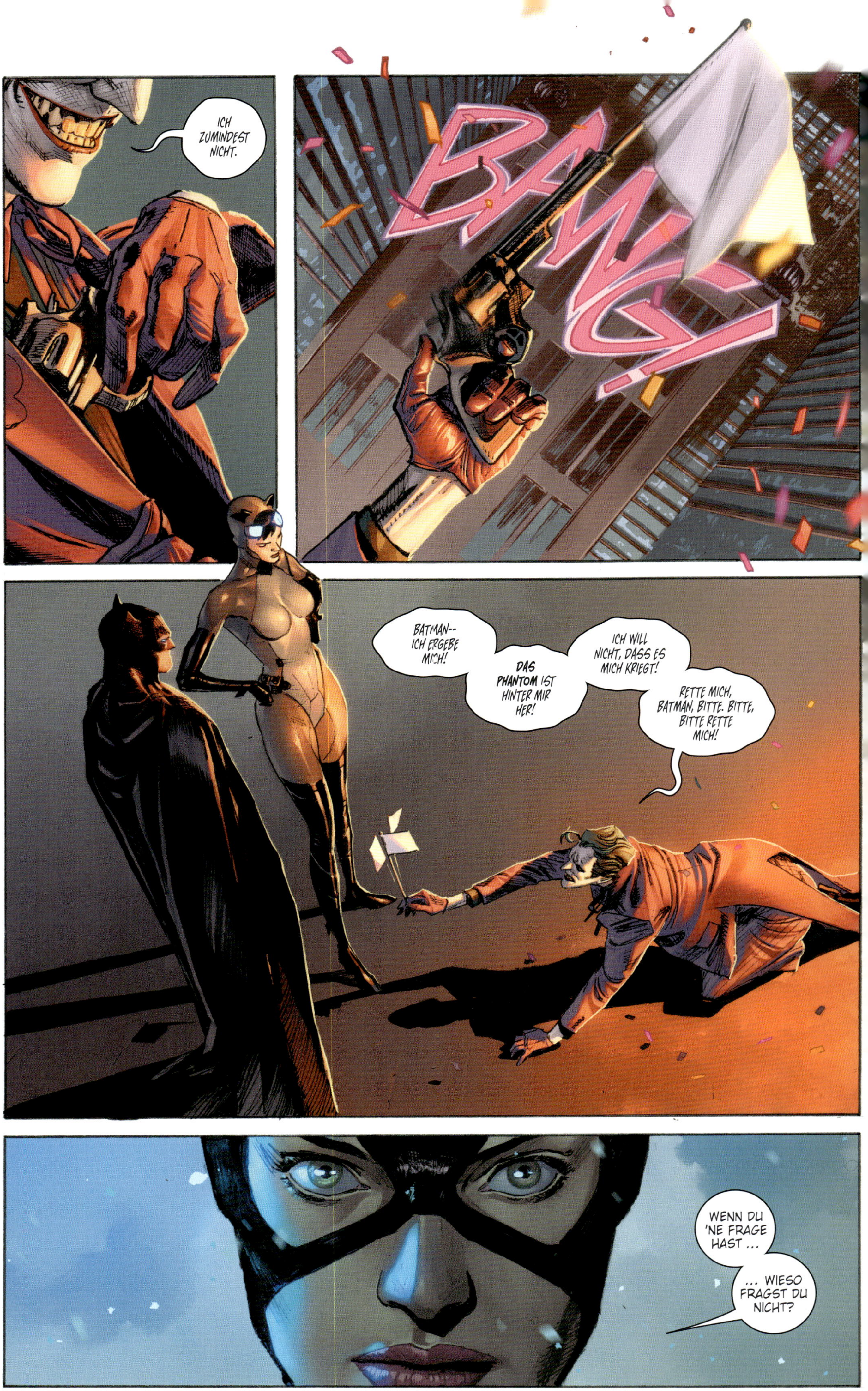

BATMAN-- ICH ERGEBE MICH!
DAS PHANTOM IST HINTER MIR HER!
ICH WILL NICHT, DASS ES MICH KRIEGT!
RETTE MICH, BATMAN, BITTE. BITTE, BITTE RETTE MICH!

DER SCHMUCK AN DER KETTE WAR EIN LÖWE. EINE KATZE.
JA UND?
DU ...
ICH HAB DAS SCHON MAL HINTER MIR.
ICH WERDE NICHTS AUF LÜGEN AUFBAUEN.
DANN FRAG.
WARST DU DORT?
MIT DEM JOKER?

NEIN.

VOR SEINEM TOD NAHM ER MIR EIN VERSPRECHEN AB ...
... UND ICH SCHWOR ...
... BRAV ZU SEIN.

TJA, RÜCKBLICKEND BETRACHTET ...
... IST ZUMINDEST DAS LUSTIG.

SLLLKKKKTTT

NNNNNN

Bats
KAPITEL 1
STILLE NACHT
KAPITEL 3
GOD REST YE MERRY, GENTLE-MEN

Cat
2
KAPITEL 2
UP ON THE HOUSE-TOP
6
7
10
11

3
God Rest
Ye Merry
Gentlemen

EINE LEICHE IN PORT ORANGE, FLORIDA?
BIST DU NICHT DER COMMISSIONER VON GOTHAM, DICK?
ES WAR EIN ÄLTERER HERR. LEBTE ALLEIN IN 'NER SENIORENSIEDLUNG.
SEIN HALS WAR AUFGESCHLITZT. ER HAT TAGELANG DORT GELEGEN.
ER TRUG MAKE-UP, ETWAS DAVON WAR VERSCHMIERT. UNTER DEM MAKE-UP …
„… WAR DIE HAUT WEISS."

WIR SUCHEN SEIT ZEHN JAHREN NACH IHM.
ER WAR NICHT IN FLORIDA.
ICH ERINNERE MICH ANS ERSTE MAL. WIE LANGE IST DAS HER? ICH WAR ZWÖLF ODER SO.
ICH WAR DER PARTNER. DER SIDEKICK. ICH HATTE DEN SPASS MEINES LEBENS. BANG POW BLAM.
UND DANN KAM ER. LACHTE ZWISCHEN ALL DEN TOTEN. UND DAMIT WAR DER SPASS VORBEI.
GOD REST YE MERRY, GENTLEMEN, LET NOTHING YOU DISMAY!
REMEMBER CHRIST OUR SAVIOR WAS BORN ON CHRISTMAS DAY!

TO SAVE US ALL FROM SATAN'S POW'R WHEN WE WERE GONE ASTRAY!
OHH TIDINGS OF COMFORT AND JOY!
COMFORT AND JOY!
OHHHHHH!
TIIIIIIIDINGS OF COOOOOMMMMFOOOOORT ...
... AAAAAND JOOOOOOY!

MERRY CHRISTMAS, BATMAN UND CATWOMAN! LET'S HOPE IT'S A GOOD ONE!
DU BASTARD!
POW
OH. HEY, SELINA.
WIE LÄUFT'S DENN SO?

ER HAT DEINE „RENTIERE" GEFUNDEN!

WER WAREN SIE? HATTEST DU SPASS? HABEN ALLE GE-LACHT ...
... ALS DU DIESEN ARMEN FAMILIEN DIE **GEWEIHE** ANGENÄHT HAST?

WAS STIMMT NICHT MIT DIR?!

NORTH POLE
ACH, LIEBES.

ALS OB ICH DAS WÜSSTE.

ES IST GLÜCKLICHERWEISE ... ALLES ÜBERRASCHEND EINFACH.
ICH HAB HEUTE MIT DEN ANWÄLTEN GESPROCHEN. SO VIELEN ANWÄLTEN.
DEIN VATER HAT MIR EINFACH ALLES HINTERLASSEN. DAS WAR'S.
ICH HAB DICK GESEHEN.
UND WENN ICH GEHE, HELENA ...
... GEHÖRT NATÜRLICH ALLES DIR.
SIE HABEN UNTEN IN FLORIDA 'NE LEICHE GEFUNDEN.
SIE DENKEN, ES IST DER JOKER. DICK GLAUBT ES AUCH.

MUTTER.
HAST DU MICH GE-HÖRT?
ICH LAG IN EINEM MÜLL-CONTAINER ... AN DER ECKE KANE UND FINGER.
MEINE ELTERN WOLLTEN, DASS ICH IN DER KÄLTE STERBE. WAR EINFACHER.
ICH BIN NICHT GESTORBEN. STATTDESSEN BIN ICH ALLE KOMPROMISSE EINGEGANGEN, DIE NÖTIG WAREN ...
... WENN MAN NICHTS HAT UND LEBEN WILL.
SIE SIND NOCH BEI DEN TESTS, ABER ICH WEISS BALD BESCHEID.
ICH LASS ES DICH WISSEN, SOBALD ICH WAS WEISS.
ICH WURDE 'NE KATZE.
UND TRAF 'NE FLEDER-MAUS.

MUTTER.
IST ALLES IN ORDNUNG?
UND JETZT BIN ICH DIE REICHSTE FRAU DER WELT.

PAUL FLEISHMAN IST TOT.

OH GOTT-- NEIN!

OKAY, WER IST PAUL FLEISHMAN?!

SIE HAT IHN GENAU WIE DEINE ANDEREN EHEMALIGEN HELFER AUFGESCHLITZT.

DAS GCPD HAT BEI DER AUTOPSIE DEINE NACHRICHT GEFUNDEN. DAS ZUNGEN-TATTOO.

„ICH VERSTECK MICH BEI BATMAN UND CATWOMAN."

„HA. HA. HA."

AH, STIMMT.

PAUL FLEISHMAN.

MIR REICHT'S!
DAS PHANTOM WILL DICH. ES KANN DICH HABEN.
ICH LASS DICH RAUS.
NEIN, TUST DU NICHT.
DAS WÄRE, ALS WÜRDEST DU MICH TÖTEN.
UND DU TÖTEST NICHT, MR. BATMAN.
DU BIST ZU NETT, UM MICH ZU TÖTEN.
SELINA ...
DU HAST PRELLUNGEN AM MITTEL- UND RINGFINGER DEINER RECHTEN HAND ... UND EINE KLEINE SCHNITTWUNDE AM LINKEN KNÖCHEL.
WAS IST PASSIERT?

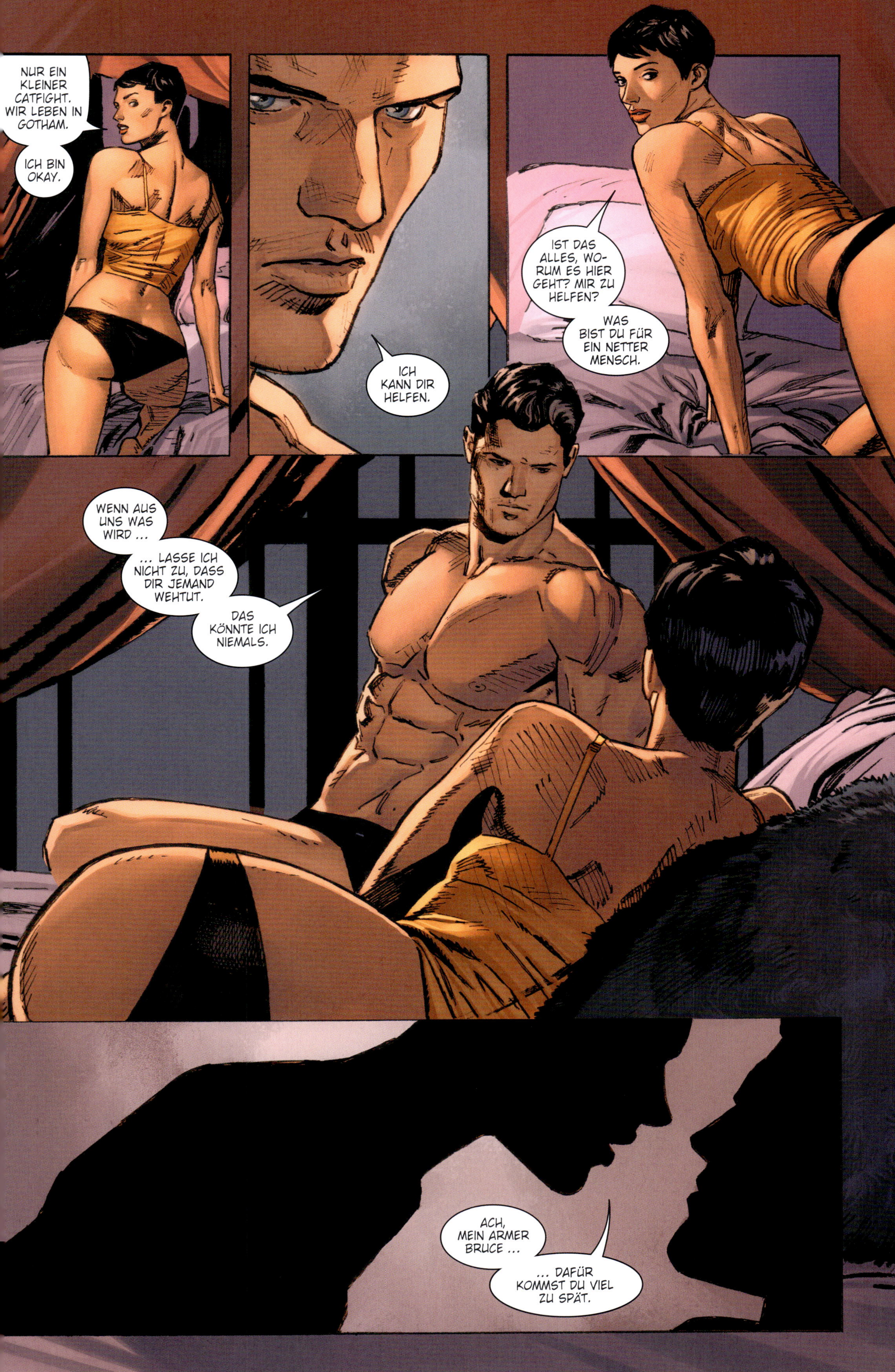
NUR EIN KLEINER CATFIGHT. WIR LEBEN IN GOTHAM.
ICH BIN OKAY.
ICH KANN DIR HELFEN.
IST DAS ALLES, WO-RUM ES HIER GEHT? MIR ZU HELFEN?
WAS BIST DU FÜR EIN NETTER MENSCH.
WENN AUS UNS WAS WIRD ...
... LASSE ICH NICHT ZU, DASS DIR JEMAND WEHTUT.
DAS KÖNNTE ICH NIEMALS.
ACH, MEIN ARMER BRUCE ...
... DAFÜR KOMMST DU VIEL ZU SPÄT.

ABER DU KANNST ...
... MIR HELFEN, DASS ES MIR ETWAS ... BESSER ... GEHT ...
SIE HATTEN ETWAS DNS VON EINEM FRÜHEREN TATORT. SIE PASST.
ER WAR ES, MUTTER.
DER JOKER IST TOT.

DIE WELT TRAUERT.
DICK ÜBERNIMMT DIE ZUSTÄNDIGKEIT, WEIL SO VIELE SEINER VERBRECHEN HIER STATTFANDEN.
ER BAT MICH UM HILFE. ICH FLIEG MIT DEM BATPLANE RUNTER.
ZUSTÄNDIGKEIT?
WOFÜR?
JOKER HIN ODER HER-- ES WAR MORD.
HAHA.
HELENA, MANCHMAL KLINGST DU GENAU WIE DEIN VATER.
„ES WAR MORD." MEINE GÜTE, KIND.
NUN JA ...
ICH NEHME AN, VATERS TOD HAT DABEI EINE ROLLE GESPIELT.
WEIL DIE BEIDEN SO KURZ HINTEREINANDER STARBEN.

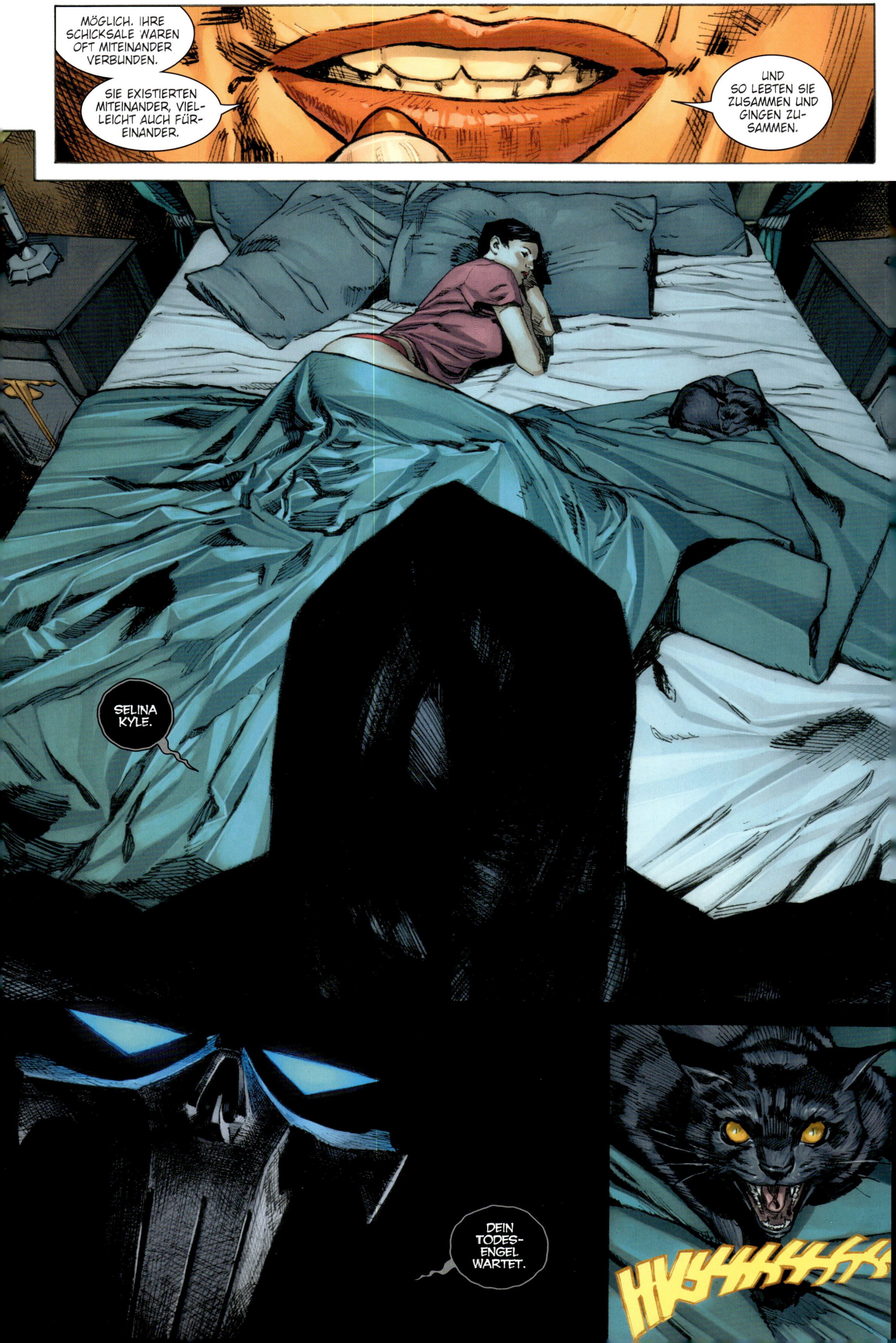

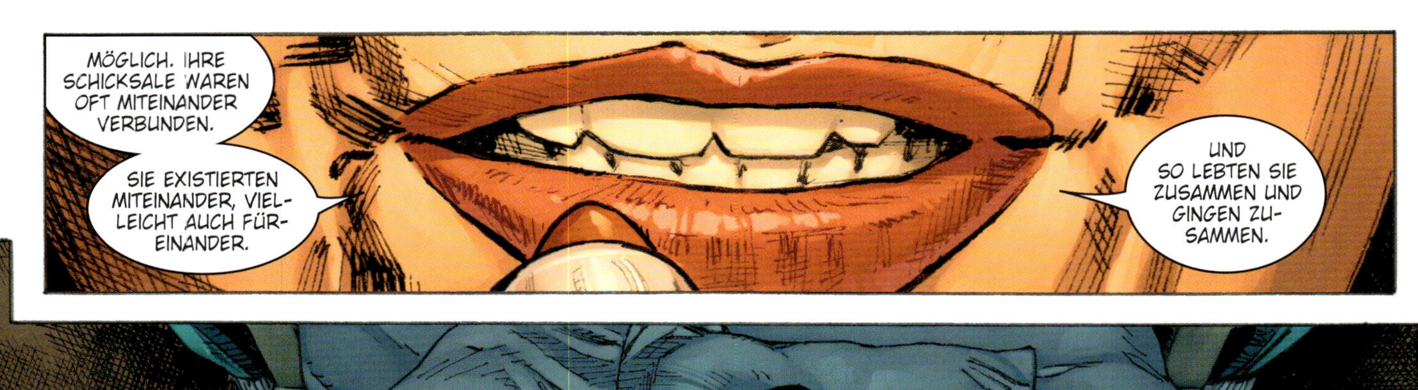

SELINA KYLE.

DEIN TODESENGEL WARTET.

SKKRKK
HH.
KRNNNNK
CAT, ICH KRIEG GRAD 'NEN SELTSAMEN ALARM VOM HAUS REIN.
SLCCC
MUSS EIN FEHLALARM SEIN.
SIEHT JEDENFALLS DANACH AUS.
MRRRRRRW.
DA HAT SICH ALFRED IMMER DRUM GEKÜMMERT.

DEIN TODES-ENGEL--
-- KANN MICH KREUZ-WEISE.
MATCHES MALONE TRIFFT SICH IN EIN PAAR MINUTEN MIT DEM LIEFERANTEN.
RRRROWWW!
ICH KOMM GLEICH DANACH NACH HAUSE.

MRRRROWW.
K'KRASSSHH

ICH WECK DICH NUR UNGERN.
ABER DU KENNST DICH MIT ALARMSYSTEMEN BESSER AUS ALS SONST WER.
KÖNNTEST DU'S MAL PRÜFEN, UND ICH PRÜF'S NOCH MAL, WENN ICH HEIMKOMME?
KCRNKKK
CAT?
CAT, HÖRST DU MICH?
TIDINGS OF COMFORT AND ...
click
... JOY.
OH, SELINA! HALLO!

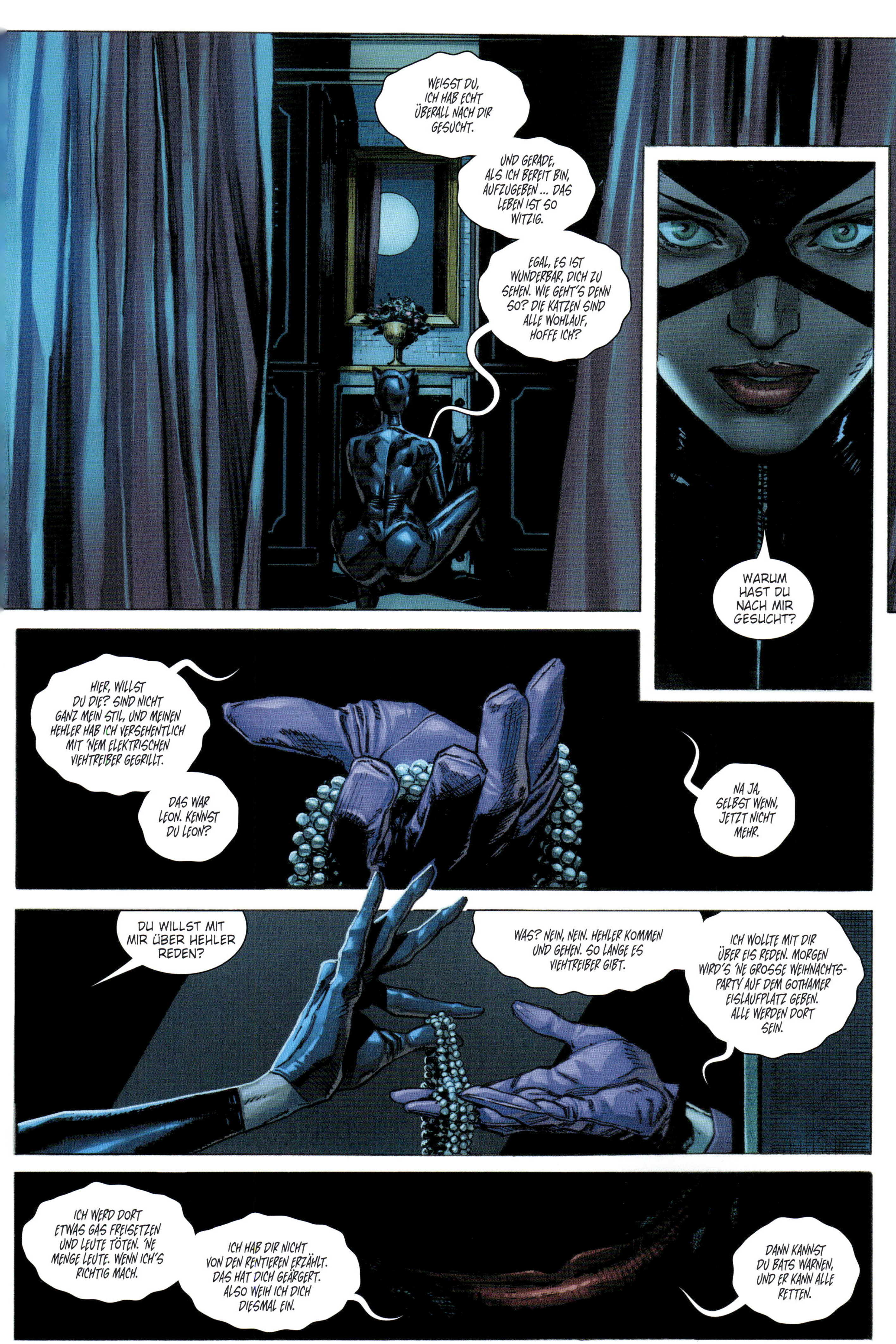
WEISST DU, ICH HAB ECHT ÜBERALL NACH DIR GESUCHT.
UND GERADE, ALS ICH BEREIT BIN, AUFZUGEBEN ... DAS LEBEN IST SO WITZIG.
EGAL, ES IST WUNDERBAR, DICH ZU SEHEN. WIE GEHT'S DENN SO? DIE KATZEN SIND ALLE WOHLAUF, HOFFE ICH?
WARUM HAST DU NACH MIR GESUCHT?
HIER, WILLST DU DIE? SIND NICHT GANZ MEIN STIL, UND MEINEN HEHLER HAB ICH VERSEHENTLICH MIT 'NEM ELEKTRISCHEN VIEHTREIBER GEGRILLT.
DAS WAR LEON. KENNST DU LEON?
NA JA, SELBST WENN, JETZT NICHT MEHR.
DU WILLST MIT MIR ÜBER HEHLER REDEN?
WAS? NEIN, NEIN. HEHLER KOMMEN UND GEHEN. SO LANGE ES VIEHTREIBER GIBT.
ICH WOLLTE MIT DIR ÜBER EIS REDEN. MORGEN WIRD'S 'NE GROSSE WEIHNACHTS-PARTY AUF DEM GOTHAMER EISLAUFPLATZ GEBEN. ALLE WERDEN DORT SEIN.
ICH WERD DORT ETWAS GAS FREISETZEN UND LEUTE TÖTEN. 'NE MENGE LEUTE. WENN ICH'S RICHTIG MACH.
ICH HAB DIR NICHT VON DEN RENTIEREN ERZÄHLT. DAS HAT DICH GEÄRGERT. ALSO WEIH ICH DICH DIESMAL EIN.
DANN KANNST DU BATS WARNEN, UND ER KANN ALLE RETTEN.

NUR WILL ER DANN WISSEN, WOHER DU'S WEISST, UND DANN MUSST DU IHM DAS MIT UNS SAGEN.

NATÜRLICH KÖNNTEST DU SELBST VERSUCHEN, SIE ZU RETTEN, WENN DU MEINST, DAS GEHT.
ABER ER WIRD'S RAUSKRIEGEN. DAS TUT ER IMMER. WAS SAGST DU IHM DANN?
DEN WELTGRÖSSTEN DETEKTIV ANZULÜGEN, IST BESTIMMT NICHT SO LEICHT, DENK ICH MIR.

VERMUTLICH IST ES BESSER FÜR DICH, NICHTS ZU SAGEN UND SIE EINFACH STERBEN ZU LASSEN.
DANN HÄLT ER DICH WEITERHIN FÜR PERRRRRFEKT, UND DU KANNST WEITERHIN GLÜCKLICH SEIN.
EINE VON DEN GUTEN WÜRDE DAS NIE TUN, ABER DU BIST KEINE VON DEN GUTEN, ODER, LIEBES?

ICH WEISS NICHT. BAH.
SIEHST DU, DESWEGEN HAB ICH DIR DAS MIT DEN RENTIEREN VERSCHWIEGEN.
MACHT DEIN LEBEN DOCH NUR UNNÖTIG SCHWER.

ABER DU KOMMST DAMIT SCHON KLAR.
DU MUSST DICH BLOSS ENT-SCHEIDEN ...
... OB DU NACH ALLEM, WAS MIT IHM PASSIERT IST ...

... NOCH CATWOMAN BIST ...
... ODER SCHON BATMAN.

ICH WAR GESTERN IN FLORIDA.
IN SEINEM APARTMENT.
„OH. UND? WIE WAR'S?"
WAS GEFUN-DEN?
„NEIN, MUTTER. LEIDER NICHT."
GAR NICHTS.
WEITER IM NÄCHSTEN BAND